1 | Bonifatiusdenkmal

Der Stadtrundgang durch Fulda beginnt an jener Stelle, wo ein Denkmal an **Bonifatius** erinnert, den »geistigen« Gründer des Klosters Fulda. Im Jahre 719 erhielt er den päpstlichen Auftrag, im fränkischen Reich zu missionieren. Mehrere Jahre reiste er besonders durch die Gebiete der heutigen Bundesländer Bayern, Thüringen und Hessen, um Niederlassungen und Klöster zu begründen. Bonifatius' Schüler **Sturmius** war es schließlich, der 744 in seinem Auftrag das Kloster Fulda gründete und es als erster Abt leitete. Sieben Jahre später erwirkte Bonifatius bei Papst Zacharias I., dass die Abtei Fulda nur dem Heiligen Stuhl, nicht aber einer bischöflichen oder weltlichen Macht unterstellt wurde.

Das Denkmal zu Ehren von Bonifatius schuf 1842 der Bildhauer Werner Henschel. Auf einem Sandsteinsockel thront die fast vier Meter hohe Bronzeplastik des »Apostels der Deutschen«, das Kreuz zum Himmel erhebend und die aufgeschlagene Bibel haltend. Vier Reliefs zeigen Szenen aus dem Leben des angelsächsischen Missionars: seine Ankunft auf dem Festland, die Fällung der Donar-Eiche bei Geismar, die Klostergründung von Fulda sowie seine gewaltsame Ermordung in Friesland.

Bonifatius
Um 672–754, Missionar und Kirchenreformer. Der in England geborene Priester Wynfreth war ab 719 im päpstlichen Auftrag unter dem Namen Bonifatius als Missionar tätig. Seit 732 Erzbischof des östlichen Frankenreiches, beauftragte er seinen Schüler Sturmius 744 mit der Gründung des Klosters Fulda. Der später als »Apostel der Deutschen« bezeichnete Bonifatius prägte die Rolle Roms als Mittelpunkt des Abendlandes und trat für ein politisch und kulturell geeintes Frankenreich unter christlichem Einfluss ein.

Hauptwache und Palais Buseck

Sturmius
Nach 700–779, Abt. Als Mönch gründete Sturmius 744 das Kloster Fulda, dessen erster Abt er wurde. Zur Einübung benediktinischer Ordensregeln hielt sich Sturmius 747 im Mutterkloster Monte Cassino auf. In die Amtszeit von Sturmius fielen die durch Karl den Großen verliehene Immunität als Reichskloster sowie die Beisetzung von Bonifatius in Fulda, worum sich auch Mainz (Amtssitz) und Dokkum (Sterbeort) bemüht hatten. Die von Abt Eigil verfasste »Vita Sturmi« gilt als das älteste Zeugnis der literarischen Gedenküberlieferung aus Fulda. Sturmius wurde 1139 heiliggesprochen.

2 | Bonifatiusplatz

Touristinformation Mo–Fr 8.30–18 Uhr, Sa/So 9.30–16 Uhr, Tel. 0661 1 02 18 14

Der nach dem Missionar benannte Platz wird von mehreren imposanten barocken Adelspalästen gesäumt. Links vom Denkmal befindet sich das Palais Buttlar, das 1737 von dem Hofarchitekten **Andreas Gallasini** als Wohnsitz höfischer Beamter errichtet wurde; es beherbergt heute die Touristinformation. 1774 gelangte das Gebäude in den Besitz des namensgebenden Oberstallmeisters Heinrich von Buttlar.

Auf der gegenüberliegenden Straßenseite liegt das zeitgleich von Gallasini errichtete »Haus Kurfürst«, das zusammen mit dem Palais Buttlar einen repräsentativen Altstadtzugang zur barocken Friedrichstraße bildet. Die schlichten, symmetrisch angelegten Barockbauten werden durch ihre erhöhten Eckpavillons sowie die steilen Mansardendächer betont. Als das Fürstbistum Fulda 1802 im Zuge der Säkularisation aufgelöst wurde und die Bewohner des Palais Amt und Würden verloren, kaufte ein gewisser Michael Müller das Gebäude. Dieser einstige Hofkellereibüttner, d.h. Hersteller von Fässern und anderen Holzgefäßen, verlegte 1815 seinen florierenden Weinhandel in das Gebäude und eröffnete einen Gasthof. Seit 1824 unter dem wohlklingenden Namen »Zum Kurfürsten« firmierend, blieb die Wirtschaft bis 1971 in Familienbesitz. Seit 2007 wird das Gebäude als Verwaltungssitz und Gästehaus von Unternehmen genutzt.

Das Café war früher die Hauptwache. Der eingeschossige Bau mit seiner offenen Arkadenfront entstand 1757–1759 an der Grenze zwischen der Stadt und dem Abteibezirk von Fulda. Ursprünglich waren Hauptwache und Schloss, erkennbar an den beiden Wächterfiguren, durch das Paulustor verbunden. 1771 wurde dieses rund 200 Meter nördlich, in Höhe der Orangerie, versetzt.

Hinter der Hauptwache entstand 1731 das Palais Buseck. Hier lebte 1803–1814 der letzte Fuldaer Fürstbischof Adalbert von Harstall, der, durch die Säkularisation entmachtet und zum Bischof degradiert, aus dem Residenzschloss ausziehen musste. Seit 1832 beherbergte das Gebäude das freiadlige evangelische Damenstift Wallenstein. Da die 1803 gegründete evangelische Gemeinde Fuldas keine eigenen Räume besaß, durfte sie Räumlichkeiten im Palais nutzen. Außerdem initiierten die Stiftsdamen eine »Kleinkinderbewahranstalt« und eine Diakonissenstation. 2006 verließ die letzte Stiftsdame das Palais Buseck.

Andreas (Andrea) Gallasini

1681–1766, Baumeister. In Lugano geboren, fertigte der ausgebildete Stuckateur bis 1719 zahlreiche Stuckarbeiten an, darunter in den Schlössern Meiningen und Weilburg. 1720 ließ sich Gallasini in Fulda nieder und wurde von Fürstabt Adolph von Dalberg zum Bauinspektor und Hofbaumeister ernannt. Seine Bauten wie die Palais am Bonifatiusplatz, die Alte Universität und das Heilig-Geist-Spital prägen bis heute das barocke Erscheinungsbild von Fulda, das von Gallasini ausgebaute Schloss Fasanerie zählt zu den schönsten Anlagen in Hessen.

»Kurfürst« (links) und Palais Buttlar (rechts)

3 | Schloss

Besichtigung Di–So 10–17 Uhr
Führungen Apr.–Okt. 10.30/14 Uhr;
Nov.–März: Di–Fr 14 Uhr, Sa/So 10.30/14 Uhr

Gegenüber der Hauptwache befindet sich das Fuldaer Schloss. Nachdem sich das 744 gegründete Kloster durch die Verehrung des Heiligen Bonifatius und das Wirken bedeutender Äbte zu einem wichtigen religiösen, kulturellen und wissenschaftlichen Zentrum im Heiligen Römischen Reich deutscher Nation entwickelt hatte, erhob Kaiser Friedrich II. die Abtei 1221 zu einer Fürstabtei. Deren nunmehrige Fürstäbte stiegen dadurch zu Reichsfürsten auf, die in ihrem Territorium die geistliche und weltliche Macht vereinten. Seit dem ausgehenden 13. Jahrhundert residierten die Fürstäbte nicht mehr im Konvent. Strategisch günstig zwischen Stadt und Abtei auf einer Anhöhe gelegen, ließ der Fürstabt Heinrich V. von Weilnau (1288–1313) bis 1312 eine Abtsburg mit Bergfried und Palas errichten.

Schlossturm

Neuerliche Machtentfaltung und damit einhergehend ein gesteigertes Bedürfnis zur Repräsentation führten 1607–1612 zum Umbau der Burg in ein vierflügeliges Renaissance-Schloss; der parkseitige Ehrenhofflügel kam im ausgehenden 17. Jahrhundert hinzu. Seit der Regierungszeit des Fürstabtes Adalbert von Schleifras (1650–1714) wandelte sich das mittelalterliche Antlitz der Stadt in das bis heute erhaltene barocke Erscheinungsbild. Begünstigt durch die solide Finanzpolitik seines Vorgängers ließ Schleifras den Fuldaer Dom neu errichten – sein Wahlversprechen – und darüber hinaus die Residenz als barocke Schlossanlage erweitern. Als Hofbaumeister hatte er bei seinem Amtsantritt im Jahr 1700 Johann Dientzenhofer engagiert, der 1708 mit den Umbauarbeiten am Schloss begann. Durch den Bau des zur Stadt zeigenden zweistöckigen Seitenflügels entstand der Ehrenhof, über den man heute das Ensemble betritt.

Am leicht hervorgehobenen Mittelrisalit des dreigeschossigen Haupttraktes prangt im Giebel das von Engeln gehaltene Wappen des Bauherrn Adalbert von Schleifras, gekrönt von einer Statue der als Glücksbringerin verehrten Fortuna. Hier befindet sich der Zugang zur Besichtigung der Historischen Räume, deren Gestaltung bis Mitte des 18. Jahrhunderts andauerte. Sehenswert sind besonders die reich dekorierten Räumlichkeiten wie Kaiser- und Fürstensaal sowie das aus unzähligen

Dalbergsaal

Kaisersaal

Friedrich Wilhelm von Oranien-Nassau
1772–1843, Fürst von Fulda. Als Sohn des niederländischen Erbstatthalters Wilhelm V. von Oranien lebte Friedrich Wilhelm zeitweise am preußischen Königshof, ab 1790 studierte er in Leiden. 1802 trat ihm sein Vater das Fürstentum Fulda ab, das dieser als Entschädigung erhalten hatte. In Fulda begründete Friedrich Wilhelm 1803 eine evangelische Gemeinde und löste 1805 die Universität auf. Nach seiner Kapitulation in der Schlacht von Jena 1806 verlor er das Fürstentum. 1815 wurde er als Willem I. König der Niederlande.

Einzelspiegeln und Ölgemälden bestehende Spiegelkabinett. Der Schlosseintritt beinhaltet das Besteigen des Schlossturmes, von dem aus sich ein schöner Blick über Fulda und Umgebung bietet.

1752 wurden die Fürstäbte in den Stand von Fürstbischöfen erhoben. Doch fünfzig Jahre später verloren sie ihre gesamte Macht, als im Napoleonischen Zeitalter die Säkularisation zur Aufhebung der geistlichen Herrschaftsgebiete im Heiligen Römischen Reich deutscher Nation führte. Der fuldische Besitz ging bis 1806, als Napoleon die Provinz Fulda annektierte, auf Friedrich Wilhelm von Oranien-Nassau über. Nach Napoleons Niederlage gehörte Fulda ab 1816 zu Kurhessen, das wiederum 1866 in das Königreich Preußen integriert wurde. Seit Ende des 19. Jahrhunderts in städtischem Besitz, beherbergt das Schloss heute die Stadtverwaltung.

4 | Schlossgarten

Apr.–Okt. 7–22.30 Uhr; Nov.–März 7–21 Uhr

Unmittelbar hinter dem nördlichen Flügel des Ehrenhofes, schräg gegenüber der Hauptwache, führt eine Trep-

pe zum Schlossgarten. Anstelle eines bestehenden Tiergartens entwarf der Architekt Maximilian von Welsch 1719/20 diesen barocken Schlosspark. Von der Kaisersaalterrasse erkennt man deutlich, dass die viereckige Basis des Schlossturms noch von der Abtsburg und der achteckige Aufsatz mit Balustrade aus der Renaissance stammen. Eine Treppe geleitet, vorbei am Neptunbrunnen, in das tiefer gelegene Parterre des Gartens. Rechter Hand erstreckt sich der im 19. Jahrhundert angefügte englische Landschaftsgarten, u. a. mit den Kleinen Wasserspielen, Rosarium und Labyrinth.

5 | Orangerie und Floravase

Restaurant »Apollo-Saal« 6.30–10.30/12–17 Uhr

Hinter der Großen Fontäne erreicht man die geschwungene Freitreppe, auf der die prächtige Floravase thront. Die annähernd sieben Meter hohe Skulptur, aus einem Stein gehauen, schuf 1728 der Bildhauer David Friedrich Humbach. Als eine der bedeutendsten Gartenplastiken Europas symbolisiert sie die Blumengöttin Flora. Auf einer Vase sitzend, ist sie von Blumenranken und Engelsfi-

Adolph von Dalberg
1678–1737, Fürstabt. In seiner Regierungszeit als Fürstabt von Fulda von 1726 bis zu seinem Tode entstanden durch den von ihm berufenen Baumeister Andreas Gallasini zahlreiche prägende Barockbauten wie die Palais am Bonifatiusplatz, das Kanzlerpalais und die Floravase. Durch die Gründung der Universität Fulda, aber auch die Ansiedlung des Frauenordens der »Englischen Fräulein« leistete er einen entscheidenden Beitrag zur fuldischen Bildungsgeschichte. Außerdem ließ Dalberg das altehrwürdige Heilig-Geist-Spital neu errichten.

Orangerie

guren umgeben. Die vergoldete Lilie in ihrer erhobenen Hand erinnert an den Auftraggeber der Plastik, Adolph von Dalberg.

Unmittelbar nach Anlegung des Schlossparks entwarf Maximilian von Welsch die Orangerie, deren Bau Andreas Gallasini bis 1724 ausführte. Der zweigeschossige Mitteltrakt mit Mansarddach und schönem Giebelschmuck wird flankiert von zwei niedrigeren Seitenflügeln mit Blendarkaden. Den architektonischen Höhepunkt der Orangerie bildet der Apollo-Saal mit einem perspektivischen Deckenfresko des Hofmalers Emanuel Wohlhaubter (1683–1756), den von Carlo Maria Pozzi entworfenen Stukkaturen sowie dem original erhaltenen Fußboden. In der Orangerie fanden in der warmen Jahreszeit glanzvolle Feste der prunkliebenden Fürstäbte statt, im Winter dienten sie zur Aufbewahrung von Zierpflanzen wie Zitronen und Orangen. Heute wird das Barockgebäude nebst Erweiterungsbau von einem Hotel mit Restaurant genutzt.

Oben: Apollo-Saal in der Orangerie
Links: Floravase

6 | Paulustor

Linker Hand der Orangerie gelangt man zur von Kastanien gesäumten Paulusspromenade mit dem Paulustor. Das nach einem Entwurf von Johann Dientzenhofer 1711

Paulustor

vor der Hauptwache errichtete Tor wurde sechzig Jahre später an diesen Standort versetzt, um die bisherige Trennung von Stadt und Abteibezirk aufzuheben und den Dom besser in das Stadtgefüge zu integrieren. Nach der Verlegung erhielt das Paulustor die beiden seitlichen, von Balustraden gekrönten Anbauten, die Öffnungen für Fußgänger wurden erst in den 1930er Jahren geschaffen. Neben zwei Wächterfiguren schmücken eine Paulus-Plastik und das Wappen des Fürstbischofs Heinrich von Bibra die der Stadt zugewandte Seite des Tores.

7 | St. Michael

Apr.–Okt. 10–18 Uhr; Nov.–März 10–12/14–17 Uhr

Auf einer kleinen Anhöhe neben der Paulusspromenade, dem Michaelsberg, thront mit St. Michael einer der ältesten und bedeutendsten mittelalterlichen Sakralbauten Deutschlands. Die Kirche entstand im Auftrag des vierten fuldischen Klosterabtes Eigil 819–822 und diente dem hier gelegenen Mönchsfriedhof als Totenkapelle. Das ursprüngliche Bauwerk, das sich vermutlich an der

Hrabanus Maurus
Um 780–856, Gelehrter. Als Kind besuchte Hrabanus das Kloster Fulda. Am Hof Karls des Großen wurde er von Alkuin gefördert, der ihn, so wie Ordensgründer Benedikt seinen Lieblingsschüler, Maurus nannte. Hrabanus leitete 801–822 die Klosterschule Fulda, außerdem trug er eine umfangreiche Bibliothek zusammen. 822–842 stand Hrabanus dem Kloster als Abt vor, ab 847 war er Erzbischof von Mainz. Als bedeutender Vertreter der Karolingischen Renaissance sammelte und kommentierte Hrabanus unzählige Schriften; aus seiner Feder stammen u. a. die Enzyklopädie »De universo« und der Gedichtzyklus »De laudibus sanctae crucis«.

Anastasis-Rotunde der Grabeskirche in Jerusalem orientierte, war ein runder einstöckiger Zentralbau mit Kuppel und Krypta.

Eine für das Jahr 1092 überlieferte Neuweihe lässt auf eine Zerstörung der Kirche, vermutlich durch Einfälle der Ungarn im 10. oder 11. Jahrhundert, schließen, bei der jedoch die Krypta verschont geblieben war. In Anlehnung an den karolingischen Bau wurde die Kirche, zum Teil unter Verwendung alter Bausubstanz, im romanischen Stil neu errichtet. Dabei kamen das Langhaus mit seinem wuchtigen Westturm und kleine Queranbauten hinzu, sodass eine kreuzförmige Anlage entstand – die einstige Friedhofskapelle wurde fortan als Kirche der benachbarten Propstei Michaelsberg genutzt. Weitere Veränderungen datieren von 1618, als der runde Turm über der Rotunde erhöht wurde und beide Türme spitze Helme erhielten. 1715/16 wurde nördlich der Rotunde die Rochuskapelle angefügt.

Im Innenraum der Kirche erblickt man die von acht Säulen gebildete Rotunde. Ihre vier korinthischen Kapitelle, die nicht ganz exakt auf den Säulen sitzen, stammen wohl noch aus dem karolingischen Ursprungsbau des 9. Jahrhunderts. Die übrigen Kapitelle, sogenannte Würfelkapitelle, stellen eine fuldische Sonderform aus dem

11. Jahrhundert dar. Aus der gleichen Epoche stammen die sehenswerten Reste romanischer Wandmalereien.

Die ursprünglich nur von außen zugängliche, über einer Mittelsäule gewölbte hallenartige Krypta geht als ältester erhaltener Bauteil auf das Jahr 820 zurück und ist bis heute fast unverändert erhalten geblieben. Sie war als Grablege des Bauherrn Eigil konzipiert. Sein Grab, das der Abt der Legende nach wie der Begründer der benediktinischen Ordensregel, Benedikt von Nursia, selbst gegraben haben soll, befindet sich dort bis heute. Das ionisierende Säulenkapitell der kurzen Mittelsäule stammt vermutlich aus der Sturmius-Basilika aus der zweiten Hälfte des 8. Jahrhunderts, die dem Neubau der sogenannten Ratgar-Basilika hatte weichen müssen.

Architektur- und kulturgeschichtlich überaus interessant ist die »Vita des Eigil«, die der Mönch Brun Candidus Mitte des 9. Jahrhunderts verfasst hat. Sie enthält eine der ersten bekannten Deutungen einer Bausymbolik: die Kreisform von St. Michael versinnbildliche das ewige Leben; die acht Säulen symbolisieren die Menschen, die die acht Seligpreisungen der Bergpredigt erfüllen und als Stützen der Kirche gelten; die Mittelsäule der Krypta stehe für Christus als Fundament.

Als **Karolingische Renaissance** bezeichnet man seit dem 19. Jahrhundert den vom kaiserlichen Hof Karls des Großen initiierten Aufschwung, der seit dem ausgehenden 8. Jahrhundert das gesamte Frankenreich erfasste. Nachdem in den »dunklen« Jahrhunderten zuvor antike Errungenschaften fast gänzlich verloren gegangen waren, sollte nun besonders die Bildung durch Sammeln und Kopieren antiker Literatur, Förderung des Lateinischen und Ausbreitung der einfacheren karolingischen Minuskel-Schrift reformiert werden.

Christussäule in der Krypta

8 | Ehem. Hof- und Klosterbibliothek

Heinrich von Bibra
1711–1788, Abt und Fürstbischof. Als Karl Sigismund in Schnabelwaid geboren, legte der aus altem fränkischen Adel stammende Bibra 1730 unter dem Ordensnamen Heinrich im Benediktinerkloster Fulda sein Ordensgelübde ab. 1759 wurde Bibra zum dritten Fürstbischof, konnte aber aufgrund der Wirren des Siebenjährigen Krieges erst nach dessen Ende dauerhaft in Fulda residieren. Der aufgeklärte Regent machte sich durch zahlreiche Reformen im Schul- und Wirtschaftsleben verdient und beauftragte den Bau mehrerer nützlicher Gebäude wie eine öffentliche Bibliothek und die Stadtpfarrkirche.

Ein stattliches freistehendes Barockgebäude befindet sich unterhalb von St. Michael am Domplatz. Einst befand sich an diesem Standort die benediktinische Klosterschule, die im Jahre 748 von Sturmius gegründet und unter dem Abt Hrabanus Maurus eine hohe kulturelle Blüte erreichte. Bedeutende Schüler der Einrichtung, die gemeinsam mit der Mal- und Schreibschule zu den Trägern der Karolingischen Renaissance zählte, waren u. a. Einhart (um 770–840), Verfasser einer Biografie Karls des Großen, sowie die Dichter Otfrid von Weißenburg (um 790–875) und Walahfried von der Reichenau, genannt Strabo (siehe S. 46).

In den 1770er Jahren von Hofbauinspektor Karl Philipp Arnd errichtet, zeichnete als Bauherr der aufgeklärte Fürstbischof Heinrich von Bibra verantwortlich. Er führte die Bibliotheksbestände des Klosters mit jenen des Hofes und des Jesuitenkollegs zu einer Sammlung zusammen, um sie hier einer größeren Öffentlichkeit zugänglich zu machen. Allerdings waren zu diesem Zeitpunkt kaum noch Werke aus der berühmten Klosterbibliothek vorhanden, die überwiegend während des Dreißigjährigen Krieges verloren gegangen waren.

Bedeutende Bestände der Bibliothek sind heute in der Hochschul- und Landesbibliothek zu bestaunen. Gegenwärtig beherbergt das Gebäude die Theologische Fakultät Fulda, eine staatlich anerkannte wissenschaftliche Hochschule, an der sich rund fünfzig Studenten auf das Priesteramt vorbereiten.

9 | Priesterseminar

Gegenüber der Bibliothek liegen die ehemaligen Klostergebäude. Seitlich des Doms wurden diese schlichten Bauten bis 1670 anstelle der mittelalterlichen Bebauung um einen rechteckigen Kreuzganghof angelegt. Anfang des 18. Jahrhunderts folgten zwei weitere Seitenflügel gen Westen. Am hier sichtbaren Nordflügel der Anlage befinden sich zwei übergiebelte Erker sowie ein schönes Barockportal. Bekrönt von Christus als Erlöser mit der Weltkugel, schmücken es zwei Statuen: rechts der Heilige Benedikt von Nursia als Abt mit Regelbuch und Trinkbecher; links Bonifatius als Patron des Bistums, erkennbar an dem von einem Dolch durchstoßenen Buch. Das Wappen führte Fürstabt Joachim von Gravenegg (1644–1671), der Auftraggeber der Konventsgebäude.

»Codex Eberhardi«
Als Markward I. (Abt 1150–1165) die Abtei Fulda in einem desolaten wirtschaftlichen Zustand vorfand, beauftragte er den Mönch Eberhard, eine Abschrift von archivierten Besitzurkunden anzufertigen, um einen Überblick über die Güter des Klosters zu erhalten. Dieser stützte sich vor allem auf die Sammlung von Hrabanus Maurus aus dem 9. Jahrhundert. Um die Stellung seines Klosters zu verbessern, z. B. durch erweiterte Besitzansprüche, wurde Eberhard zu einem der größten Fälscher des Mittelalters. Durch die Vernichtung vieler Originale wurde der Codex zur umfassendsten Überlieferung der älteren Fuldaer Urkunden.

Innere Streitigkeiten und die Wirren der Reformation ließen den Glanz der fuldischen Klosterschule erblassen. Einen neuerlichen Aufschwung erfuhr sie durch die von dem Fürstabt Balthasar von Dernbach eingeleitete Gegenreformation, in deren Zug er 1571 Jesuiten nach Fulda berief. Zur Umsetzung der auf dem Konzil von Trient verabschiedeten Reformen begründeten sie u. a. ein Priesterseminar, das sich seit der Erhebung der Fürstabtei zum Bistum im Jahr 1752 »bischöflich« nennen durfte. 1803 verfügte der neue weltliche Herrscher über Fulda, Prinz Wilhelm Friedrich von Oranien, den Umzug des Priesterseminars aus der Stadt in den Konventsbau des aufgehobenen Benediktinerklosters. Damit war das bischöfliche Seminar eine der wenigen geistlichen Einrichtungen des über tausend Jahre alten Hochstiftes, die die Epoche der Säkularisation überdauerte. Im 19. Jahrhundert wurde in den ehemaligen Konventsgebäuden auch das traditionsreiche Knabenseminar wieder eröffnet, in dem die zukünftigen Kleriker vom 12. Lebensjahr bis zur Weihe untergebracht waren. Heute bewohnen rund zehn Seminaristen die Einrichtung.

10 | Dom

Besichtigung Mo–Fr 10–18 Uhr (Nov.–März bis 17 Uhr), Sa 10–15 Uhr, So 13–18 Uhr, **Orgelmatinee** Mai, Juni, Sept., Okt., Advent 12.05 Uhr

Der Dom zu Fulda ist das Wahrzeichen der Stadt und gilt als bedeutendster barocker Sakralbau Hessens. 1752 wurde die Kirche des Benediktinerklosters St. Salvator und Bonifatius durch die Erhebung Fuldas zu einem Bistum zur Domkirche aufgewertet. Fünfzig Jahre später führte der Reichsdeputationshauptschluss zur Säkularisierung von Kloster und Bistum.

Bereits 744, im Jahr der Klostergründung durch den Mönch Sturmius, entstand der erste Vorgängerbau des heutigen Doms. In ihm wurde 754 der Missionar Bonifatius in einem Felsengrab bestattet. Die zweite Kirche, die sogenannte Ratgar-Basilika – benannt nach ihrem Baumeister und späteren Abt Ratgar – wurde zwischen 791 und 817 errichtet. Bei ihrer Weihe 819 wurden ihr die

Lioba von Tauberbischofsheim

Um 700/10–782, Missionarin. Die angelsächsische Lioba erhielt eine umfassende klösterliche Bildung. Etwa 735 folgte sie dem Ruf Bonifatius', mit dem sie mütterlicherseits verwandt war, im Frankenreich zu missionieren. Als Wirkungsstätte erhielt die »Lehrerin Germaniens« das neugegründete Kloster Tauberbischofsheim. Als Vertraute von Hildegard, Gattin von Karl dem Großen, genoss die später Heiliggesprochene bei geistlichen und weltlichen Größen hohes Ansehen. Lioba wurde in Fulda beerdigt, jedoch nicht gemäß einer Verfügung von Bonifatius, ihre Gebeine mit in seinem Grab zu bestatten. 838 überführte Hrabanus Maurus ihren Sarg in die Kirche St. Peter auf dem Petersberg.

Gebeine des unterdessen heiliggesprochenen Bonifatius übertragen, wodurch sie zahlreiche Schenkungen erhielt und sich zu einem bedeutenden Wallfahrtsort im ostfränkischen Reich entwickelte. Diese dreischiffige Säulenbasilika besaß bereits die gleichen Ausmaße wie der heutige Dom und zählte zu den ältesten und größten Doppelchoranlagen nördlich der Alpen. Sie orientierte sich in mehreren Details an der altehrwürdigen römischen Peterskirche, z. B. mit dem im Westen liegenden Heiligengrab und einem dem Ostchor vorgelagerten Atrium (heutiger Domplatz).

Trotz mehrerer baulicher Veränderungen im Laufe der Jahrhunderte erforderte der schlechte Zustand der einsturzgefährdeten Basilika Anfang des 18. Jahrhunderts einen Neubau. Mit der Ausführung beauftragte Fürstabt Adalbert von Schleifras, dessen prächtiges Wappen über dem Hauptportal prangt, den Baumeister Johann Dientzenhofer. Wie seine Vorgänger knüpft das Gotteshaus sowohl am Außenbau als auch im Innenraum an verschiedene römische Vorbilder an – Dientzenhofer weilte vor seiner Ernennung zum Stiftsbaumeister in Fulda auf einer Studienreise in Italien. Das 1712 geweihte kreuzförmige Bauwerk besitzt nur noch einen Chor im Westen, über der Vierung erhebt sich ein mächtiger Kuppelbau. Die beiden schlanken quadratischen Türme bewahren die romanischen Vorgängertürme. Zur optisch größeren Breitenwirkung flankieren die Hauptfront zwei Kapellenbauten sowie zwei frei stehende Obelisken. Der in Quadertechnik errichtete Außenbau wird nur sparsam durch Gesimse und Pilaster gegliedert. Die Steinfiguren in der Fassade stellen seitlich des großen Fensters die Stadtpatrone Simplizius und Faustinus sowie neben dem Portal Bonifatius (links) und Sturmius (rechts) dar. Auf dem Giebel zwischen den beiden Türmen thront Christus als »Salvator Mundi« (Erlöser der Welt).

Im lichtdurchfluteten, weiß gefassten Innenraum eröffnet sich ein Gesamtkunstwerk aus Malerei und Bauplastik. Der Hauptaltar (1712), der den Blick auf den dahinterliegenden Mönchschor freigibt, erinnert in seiner Form als Baldachin an Berninis Altar im römischen Petersdom. Über dem Gebälk befinden sich goldene Voluten, die in einer Wolke mit Engeln enden, die Maria gen Himmel tragen. Sie wird von der Dreifaltigkeitsgruppe

Bronzeplastik des Heiligen Petrus

Hildebrandslied

Das althochdeutsche Heldenlied gilt als frühestes poetisches Textzeugnis in deutscher Sprache. Das Stabreimgedicht, bestehend aus 68 Langversen, wurde wahrscheinlich im frühen 9. Jahrhundert im Scriptorium der fuldischen Klosterbibliothek von zwei Schreibern auf die erste und letzte Seite einer älteren Pergamenthandschrift geschrieben. Seine Handlung spielt im 5. Jahrhundert: Hildebrand kehrt nach 30 Jahren als Krieger heim und trifft auf den Krieger Hadubrand, seinen Sohn. Der Sitte entsprechend kommt es zum unausweichlichen Kampf ... An dieser Stelle bricht der überlieferte Text ab.

an der Decke zur Krönung erwartet. Zu den prächtigsten Ausstattungsstücken zählen, allesamt aus dem frühen 18. Jahrhundert stammend, außerdem die Kanzel, die Querschiff-Altäre (links Benedikt, rechts Sturmius), der Orgelprospekt sowie mehrere Grabdenkmäler. Die Bronzeplastik des Heiligen Petrus mit Schlüssel, rechts neben dem Hauptaltar, ist eine Nachbildung des Originals aus dem Petersdom. Wie bei seinem römischen Pendant zeugen auch seine Füße von den zahlreichen Berührungen durch Gläubige. Sehenswert ist außerdem das gotische Steinrelief Kaiser Karls des Großen an einer Säule im Eingangsbereich, das noch aus der Vorgängerkirche stammt.

Zu beiden Seiten des Altars gelangt man in die Krypta mit dem Grab des Heiligen Bonifatius. In schwarzem Marmor und weißem Alabaster gehalten, zeigt es seinen Tod – während ein Messer seinen Kopf durchfährt, fällt ihm ein Buch aus der Hand – und die Auferstehung des Heiligen mit dem Schwert des Martyriums. Das von Johann Neudecker d. Ä. (1663–1718) geschaffene Werk mit den Gebeinen des Bonifatius ist alljährlich das Ziel unzähliger Pilger, besonders am 5. Juni, dem Todestag des 754 ermordeten Heiligen. 1980 besuchte Papst Johannes Paul II., empfangen von über 100 000 Gläubigen auf dem Domplatz, das Grab des »Apostels der Deutschen«.

Bonifatiusgrab

11 | Domdechanei

Dommuseum Apr.–Okt.: Di–Sa 10–12.30/13.30–17.30 Uhr, So 12.30–17.30 Uhr; Nov.–März (außer 15. Jan. bis 15. Feb.) Di–Sa 10–12.30/13.30–16 Uhr, So 12.30–16 Uhr

Linker Hand des Doms schließt sich eine balustradenbekrönte Mauer an, deren Pforte in den Domdechaneigarten führt. Als Teil des Fuldaer Gartenkulturpfades wurde dieses Kleinod im Rahmen der Landesgartenschau 1994 mit dem Thema historische Rosen neu gestaltet. Während der Blick entlang der Wasserachse direkt auf das barocke Gebäude der Dechanei führt, wandelt man zum Eingang des dort beheimateten Dommuseums durch einen Laubengang hindurch. Zugleich als Lapidarium genutzt, sind hier unter freiem Himmel Architektur- und Grabfragmente aus der alten Abteikirche ausgestellt.

Das Dommuseum geht auf das mittelalterliche »Heiltumshaus« der Stiftskirche zurück, das kostbare Reliquien und Kultgeräte aufbewahrte. Das Museum präsentiert wertvolle Zeugnisse aus der über 1250-jährigen Kirchengeschichte von Fulda. Dazu zählen Bauteile und Grabungsfunde der Vorgängerkirchen, vorwiegend mittelalterliche Sakralkunst sowie liturgische Textilien

Die **Fulda** entspringt in der Rhön und vereinigt sich in Hann. Münden mit der Werra zur Weser. Landgraf Moritz von Hessen-Kassel ließ den Fluss, seine wirtschaftliche Bedeutung zum Warentransport erkennend, Ende des 16. Jahrhunderts von Münden bis Hersfeld schiffbar machen. Jahrelang wandte er sich vergeblich an die fuldische Regierung mit dem Wunsch, den Fluss bis Fulda auszubauen. Fürstabt Balthasar von Dernbach scheute die Kosten und politische Beziehungen zum benachbarten Hessen. Auch die Wiederaufnahme des Projektes nach 160 Jahren scheiterte am Geld.

Fuldaer Fastnacht
Die erste urkundliche Erwähnung der »Fölsch Foaset« datiert aus dem 16. Jahrhundert. Während 1825 erstmals von einem Maskenumzug berichtet wurde, entstanden in den 1880er Jahren die ersten Karnevalsvereine. Heute zählt die Stadt zu den Hochburgen der hessischen Fastnacht. Neben der »Fuldaer Karnevalsgesellschaft« an der Spitze gibt es zwölf Karnevalsvereine, die »Randstaaten«. Bezeichnung und Vereinsthemen gehen meist auf das jeweilige Stadtviertel zurück: Das Viertel rund um die Tränke, aus dem der »Türkenbund« stammt, war früher Türkammergut und hieß im Volksmund »Türkei«.

und Gegenstände. Besonders sehenswert sind diverse Bonifatius-Heiligtümer: Bonifatiusstab (12. Jahrhundert); Silberner Altar, der als Reliquiar das Haupt des Heiligen enthält (18. Jahrhundert); Faksimile des Ragyndrudis-Codex. Das Original dieser um 700 entstandenen Handschrift gehört zum fuldischen Domschatz und war einst im Besitz des Bonifatius. Es weist Einschnitte eines Schwertes oder Beiles auf, die der Legende nach darauf schließen lassen, dass sich der Missionar mit diesem Buch vor seinem Mörder schützen wollte. Ein von einem Dolch durchbohrtes Buch zählt zu den am häufigsten genutzten Attributen bei der Darstellung von Bonifatius.

An dem barocken Wachpavillon vorbei gelangt man zum Hof der Domdechanei. Den zweigeschossigen Winkelbau mit den dominierenden roten Pilastern schuf 1702–1704 der Franziskanerbruder und Baumeister Antonius Peyer (1673–1704).

12 | Tränke

Wie der Straßenzug der Domdechanei (Nummer 1–11) entstand auch die Bebauung der Wilhelmstraße im ersten Jahrzehnt des 19. Jahrhunderts. Im Auftrag des na-

mensgebenden fürstlichen Bauherrn Wilhelm von Oranien schuf der Architekt Gustav von Vorherr (1778–1847) ein klassizistisches Ensemble aus zwei- und dreigeschossigen pavillonartigen Wohnbauten. Am Ende der Wilhelmstraße biegt man nach rechts. Dort befand sich einst das Abtstor, das Zugang zur alten Abtsburg gewährte und in die außerhalb der Stadtmauern gelegenen Gemeinden führte. Im Zuge der Baumaßnahmen wurde es in der Regierungszeit des Oraniers abgetragen. Der steinerne Fastnachtsbrunnen zeigt einen von seinem Harem umringten türkischen Pascha als Symbol der fuldischen Karnevalsgesellschaft »Türkenbund«. Dahinter tritt der Waidesbach an die Oberfläche, der, am Schlosspark beginnend, unterirdisch den Klosterbezirk durchfließt. Hier an seinen Unterlauf wurde früher das Vieh der umliegenden Gutshöfe geführt, woran heute noch die Straßenbezeichnung Tränke erinnert. Aufgrund mehrerer Überflutungen schuf man im ausgehenden 19. Jahrhundert ein gemauertes Flussbett. Die nahegelegene Fuldaaue gehörte 1994 zum Gelände der Landesgartenschau.

Balthasar von Dernbach
1548–1606, Fürstabt. Dernbach, dessen Vater Gefolgsmann des protestantischen hessischen Landgrafen Philipp I. war, kam als 12-Jähriger ins katholische Stiftskapitel Fulda. Seit 1570 Fürstabt, setzte sich Dernbach sofort für Rekatholisierung und Gegenreformation ein, u. a. indem er 1571 Jesuiten in der Stadt ansiedelte. Viele der Einwohner, die sich zum Protestantismus bekannten, wies er aus seinem Gebiet, woraufhin er 1576 von Stiftskapitel, Magistrat und Ritterschaft ins Exil gezwungen wurde. Erst 1602 kehrte Dernbach in sein Territorium zurück, wo er bis zu seinem Tod unzählige Hexenprozesse durchführte.

13 | Hexenturm

Dahliengarten Apr.–Okt. 9–19 Uhr

Zurück durch die Wilhelmstraße führt der Stadtrundgang zunächst zum Dahliengarten, den man gegenüber dem Domplatz in der Johannes-Dyba-Allee erreicht. Seit der Landesgartenschau lädt dieses idyllische Kleinod mit Blick auf die Domspitzen zum Bewundern von über 30 verschiedenen Sorten der »Königin des Herbstes« ein.

Der 14 Meter hohe, von Efeu umrankte Rundturm in der Kanalstraße ist der am besten erhaltene Turm der alten Fuldaer Stadtbefestigung. Nachdem der klösterliche Bezirk bereits im 10. Jahrhundert durch eine Mauer geschützt worden war, erhielt die Stadt im 12. Jahrhundert einen Befestigungsring, der den Klosterbezirk von der Stadt abgrenzte. Ob der mittelalterliche Turm tatsächlich als Hexengefängnis diente, ist bis heute nicht eindeutig geklärt.

Historisch belegt sind hingegen rund 270 als Hexen angeklagte und daraufhin verbrannte Frauen in Fulda,

Dahliengarten

derer seit 2008 mit einem Mahnmal auf dem Alten Dompfarrlichen Friedhof an der Leipziger Straße gedacht wird. Dieses düstere Kapitel der Stadtgeschichte fiel in die Amtszeit des Abtes Balthasar von Dernbach. Im Zeichen von Gegenreformation und Rekatholisierung ließ dieser durch seinen »Malefizmeister«, den Zehntgrafen Balthasar Nuss (um 1545–1618), Hexen verfolgen und auf dem Scheiterhaufen verbrennen. Die Hinrichtungsstätte befand sich auf dem »Hexenküppel« östlich der Residenz, heute in der Nähe des Fuldaer Bahnhofes gelegen.

Gegenüber dem Hexenturm erhebt sich ein stattliches Fachwerkgebäude aus dem 17. Jahrhundert, in dem 1850 der Nobelpreisträger Karl Ferdinand Braun das Licht der Welt erblickte.

Karl Ferdinand Braun
1850–1918, Physiker. Nach dem Besuch des Domgymnasiums in seiner Heimatstadt Fulda studierte Braun ab 1868 in Marburg Mathematik und Naturwissenschaften. 1872 promovierte er zum Doktor der Physik und lehrte als Professor in Marburg, Karlsruhe, Tübingen und Straßburg. 1909 erhielt Braun mit dem Italiener Guglielmo Marconi den Nobelpreis für Physik. Zu seinen bedeutendsten Erfindungen zählen die »Braunsche Röhre« (Bildröhre für elektronische Fernsehübertragung) und ein Sender für drahtlose Telegrafie. In New York verstorben, wurde Braun auf eigenen Wunsch 1921 in Fulda beigesetzt.

14 | Rittergasse

Nach wenigen Metern in der Kanalstraße, in der sich bis Mitte des 19. Jahrhunderts ein offener Graben der einst hier ansässigen Wollweber befand, biegt man rechter Hand in die Rittergasse, wo sich der Stiftsbaumeister Johann Dientzenhofer sein Wohnhaus errichtete (Nr. 4). Als Baumaterial verwendete er dafür Steinreste des von ihm erbauten Fuldaer Domes. Die rechte Hausecke des Barockgebäudes ziert eine Sandsteinfigur des Heiligen Johannes Nepomuk. Dientzenhofer ließ ihn jedoch nicht

Oben: Geburtshaus von Karl Ferdinand Braun
Links: Hexenturm

Wohnhaus von Johann Dientzenhofer

wie sonst üblich als »Brückenheiligen«, sondern als Namenspatron anbringen. Inspiriert haben könnte ihn die berühmte Prager Brückenfigur von 1683, da Dientzenhofer zu dieser Zeit vermutlich in der Stadt an der Moldau tätig war. Die Rittergasse mündet in den Bonifatiusplatz, an dem man rechts in die Pfandhausstraße einbiegt.

15 | Pfandhausstraße und Severiberg

Kunsthandwerkerhaus »GestaltenWerk« mit Café
Mo–Fr 8–17.30 Uhr, Sa 14–17.30 Uhr

In den Straßenzügen rund um den Severiberg taucht man in das spätmittelalterliche Fulda ein. Das Fachwerkgebäude in der Pfandhausstraße 14 zählt zu den ältesten Bürgerhäuern der Stadt, es datiert aus dem 16. Jahrhundert. Die heute darin befindliche Gaststätte »Zum Stadtwächter« deutet an, dass das Haus früher den Stadtwächter beherbergte. Gegenüber, in der Pfandhausstraße 11, liegt das Haus »Zum Roten Löwen«, das der Gasse einst den Namen »Beym Rose Löwen« gab.

Der Adelssitz wurde bereits im frühen 14. Jahrhundert urkundlich erwähnt, als Konrad von Trimberg 1337 das Gebäude für 50 Pfund Heller vom Fuldaer Abt kaufte. Die Ecke des Hauses ziert eine schöne Hausmadonna.

Im Straßenzug Severiberg ist Haus Nr. 4 sehenswert. Über dem massiv gemauerten Erdgeschoß mit der ehemaligen gotischen Toreinfahrt schließt sich ein Stockwerk in Fachwerkbauweise an. Es enthält als Datierung die Jahreszahl »1548«, wobei die Vier als halbe Acht dargestellt ist. Die Hausmarke darüber kündet von der jahrhundertealten Backtradition der Hausbewohner, die bis zum heutigen Tage von der Bäckerei »Ballmaier« fortgesetzt wird. Aus der Straßenflucht zurück tritt das Gebäude am Severiberg 1, dessen aus Bruchsteinen gemauertes Untergeschoss ursprünglich als Beinhaus des Friedhofes der benachbarten Severikirche diente. Es beherbergt heute das »GestaltenWerk« des Antoniusheims.

Johann Dientzenhofer
1663–1726, Baumeister. Dientzenhofer wurde als Sohn eines oberbayerischen Bergbauern geboren. Wie seine Brüder verließ auch er früh den väterlichen Hof, um als Maurergeselle auf Wanderschaft zu gehen. 1678 weilte Dientzenhofer bei der Hochzeit seiner Schwester Anna in Prag, wo er in den Folgejahren auch wohnte. Nach Aufenthalten in Bamberg und Italien wurde Dientzenhofer 1700 zum Stiftsbaumeister von Fulda ernannt, wo er den Neubau der Stiftskirche und des Residenzschlosses ausführte. Die Familie der Dientzenhofer – neben Johann die Brüder Georg, Wolfgang, Christoph und Leonhard – schuf über 250 Bauwerke und prägte entscheidend die Architektur des Barock.

Severiberg 1

16 | St. Severi

Die Severikirche wurde zwischen 1438 und 1445 im gotischen Stil errichtet. Seit 1451 als Kirche der Wollweberzunft dienend, erhielt sie den Namen des heiligen Severus von Ravenna, dem Schutzpatron der Weber und Spinner. Der schlichte Rechteckbau mit schmalem Chorabschluss wurde ab 1620 Klosterkirche, zunächst der Franziskaner, später der Benediktiner. Ab 1722 wurde St. Severi als Kirche der Garnison genutzt. 1882 erhielt das Gotteshaus seinen Dachreiter. Zeitgleich entfernte man die barocke Ausstattung, sodass sich das Kircheninnere heute im schlichten, weiß verputzten Gewand präsentiert.

Das benachbarte Barockpalais entstand 1772. 1896 eröffnete darin die »Anstalt für soziale Fürsorge«, die die Altenpflege ehemaliger Hausgehilfinnen oder die Stellenvermittlung für Dienstbotenmädchen übernahm sowie eine Handarbeits- und Kochschule beherbergte. Die Einrichtung lag in der Obhut der Vinzentinerinnen. Diese Genossenschaft der »Töchter der christlichen Liebe«, 1633 in Paris gegründet, setzte barmherzige Schwestern erstmals außerhalb von Klostermauern ein. Bis heute betreiben die Vinzentinerinnen, deren erste drei Schwestern 1834 nach Fulda gekommen waren, in Hessen mehrere Krankenhäuser, Alten- und Pflegeheime sowie Kindergärten.

Eines Tages erwarb ein Adliger den **»Roten Löwen«**. Tagsüber wirkte das Anwesen wie ausgestorben, Fenster und Türen waren verriegelt, nie erschien der menschenscheue Besitzer in der Kirche. Nachts hingegen soll er unter verdächtigen Geräuschen im Hause umhergewandelt sein. Es hieß, der Mann habe in einer Schlacht um Gnade flehende Gegner getötet und sich an ihnen bereichert. Der »Österreicher« starb eines schauerlichen Todes. Er vermachte seinen Reichtum einem Kloster mit der Bedingung, seine Gebeine vor dem Altar zu bestatten. Seitdem geschahen wunderliche Dinge: Der Tote erschien Geld zählend am Fenster seines Hauses, an seinem Grab gingen die Kerzen aus. Die Mönche betteten ihn schließlich an jene Stelle um, an der die Zugtiere mit seinem Sarg wie angewurzelt stehen geblieben waren.

17 | Kanal- und Karlstraße

Der Rundweg setzt sich in der Kanalstraße fort. Vorbei an einem typischen Handwerkerhaus in Fachwerkbauweise (Kanalstraße 17), öffnet sich ein kleiner Platz. Hier erstrahlt an der Ecke zum Luckenberg die 1540 erbaute ehemalige Hofschlosserei in neuem Glanz. Nach wenigen Schritten in der Kanalstraße streift man den bis 2003 sanierten Gemüsemarkt, auf dem jeden Mittwoch und Samstag Vormittag frische Erzeugnisse aus der Region gehandelt werden. Den im Krieg zerstörten Platz säumen moderne Häuser, deren Architekten dafür mit dem Deutschen Städtebaupreis geehrt wurden. Der Brunnen aus dem ausgehenden 18. Jahrhundert trägt das Wappen des Fürstabtes Adalbert von Harstall.

Harstall-Brunnen

»Goldnes Rad«

Nach Kreuzung der Robert-Kircher-Straße mündet die Kanalstraße in die Karlstraße – von den Fuldaern wird dieses Gebiet gern als »Bermuda-Dreieck« bezeichnet. Zahlreiche Lokale laden hier in historischen Gemäuern zum Verweilen ein, darunter der »Gasthof zur Windmühle« in einem imposanten Fachwerkgebäude (Nr. 17), die »Restauration zum goldnen Rad« (Nr. 25) oder die Kneipe in der ehemaligen »Drogerie zum Krokodil« (Nr. 31). Deren einstige Ladeneinrichtung von 1913 befindet sich im Vonderau Museum (siehe Punkt 26). Anschließend durchläuft man die Karlstraße in stadtauswärtiger Richtung. Als Teilabschnitt der kaiserlichen Geleitstraße Via Regia verband sie die Messestädte Leipzig und Frankfurt miteinander, und wer hier eines der begehrten Grundstücke besaß, profitierte maßgeblich vom Fernverkehr.

Neben Kaufleuten zogen in den vergangenen eintausend Jahren unzählige Soldaten, Handwerker, Pilger, Persönlichkeiten und Gelehrte die Via Regia entlang. Auch Johann Wolfgang von Goethe weilte mehrfach in Fulda. Im Gasthof »Zum Schwanen« schrieb er wohl am »West-östlichen Divan«. Eine Plakette am »Goldenen Karpfen« an der Ecke Karlstraße/Königstraße erinnert an seinen ersten Besuch 1765. Der vor dem Gebäude stehende Karpfenbrunnen wurde 1991 geschaffen.

»Gasthof zur Windmühle«

18 | Heilig-Geist-Spital

Vorraum geöffnet Di/Do 12–16.30 Uhr

Auf der anderen Straßenseite befindet sich der weitläufige Komplex des Heilig-Geist-Spitals. Seine Gründung geht auf das 13. Jahrhundert zurück, als es als Kranken-, Armen- und Siechenhaus unmittelbar vor der Stadtmauer errichtet wurde. Dies machen Reste der Stadtbefestigung deutlich, die sich linker Hand des Spitals in der Straße Kohleßtor erhalten haben. 1729–1733 schuf der Baumeister Andreas Gallasini einen barocken Nachfolgebau. Noch im gleichen Jahrhundert schloss man die Anlage durch Hinzufügen eines östlichen Seitenflügels, sodass beidseitig des Kirchenschiffs zwei Innenhöfe entstanden.

Zwischen den beiden Spitalflügeln erhebt sich die Kirchenfassade, die mit ihrer Freitreppe nur leicht aus der Gebäudeflucht hervortritt. Über dem Rundbogenportal prangt das mächtige Wappen des Bauherrn, Fürstabt Adolph von Dalberg. Als Symbol der Heiligen Dreifaltigkeit schmücken drei im Dreieck angeordnete Dreiecksgiebel die Fassade. Im oberen erscheint, umgeben von einem Strahlenkranz, die Taube des Heiligen Geistes. Ein Dachreiter bekrönt die Kirche. Im tonnengewölbten

»Zum Grünen Baum«

Innenraum der Kirche zieht der Hochaltar mit einem Gemälde des Fuldaer Hofmalers Emanuel Wohlhaubter die Blicke auf sich, daneben befinden sich zwei Seitenaltäre mit lebensgroßen Holzplastiken, links Josef mit dem Winkelmaß als Zeichen seines Zimmermann-Berufes, rechts Maria mit Kind.

Ab 1835 beherbergte das Spital das Waisenhaus von Fulda. Heute wird die Anlage als Seniorenzentrum genutzt, in der Kirche finden Gottesdienste der katholischen Pfarrgemeinde statt.

19 | Löherstraße

Auch die Löherstraße, die am Spital ihren Lauf nimmt, war einst Bestandteil der Via Regia. Dort, wo früher Lohgerber siedelten und das Wasser des Löhergrabens für ihr geruchsintensives Gewerbe nutzten, engagiert sich heute eine Interessengemeinschaft für die »Kulturmeile Fuldas«. Details wie die Aufschrift »Färberei« und »Chem. Reinigungs Anstalt« (Nr. 20) zeugen von vergangenen Tagen, als der Löherstraße eine wichtige Rolle im Prozess der Industrialisierung Fuldas zukam. Heute laden mehrere kleine Geschäfte zum Bummeln und Verweilen ein, beispielsweise die Buchhandlung und Antiquariat »Ulenspiegel« (Nr. 13) und die Rösterei »kaffeekultur« (Nr. 22).

Auf dem Weg zu einem der ältesten Fachwerkhäuser von Fulda, dem 1492 errichteten »Grünen Baum« (Nr. 27), passiert man das erste, 1789 erbaute Waisenhaus der Stadt (Nr. 17). Das Wappen des Gründers, des letzten fuldischen Fürstabtes Adalbert von Harstall, prangt an der Fassade.

20 | Stadtmauer

»Kunstschmiede Bernhardt« mit Kulturgarten und Galerie »Kunst im Kutscherhaus« Di–Do 16–18 Uhr, Fr 16–20 Uhr

Der Stadtrundgang führt nun die Löherstraße zurück bis zur rechtsseitigen Einmündung der Gambettagasse. An dieser Stelle erinnert eine Skulptur des Künstlers Rudi Neuland, stellvertretend für alle Opfer der Fuldaer

Hexenverfolgung, an das Schicksal der Merga Bien. Die junge Frau, vermutlich Tochter eines in der Löherstraße wohnenden Gerbers, wurde 1603 der Hexerei bezichtigt und hingerichtet.

Am Ausgang der kleinen Gasse gelangt man zur Rangstraße, die linker Hand nach wenigen Metern, versteckt im Schatten des Parkhauses an der Brauhausstraße, zu Resten der ehemaligen Stadtbefestigung führt. Die gotische Umfriedung mit innenseitigen Bogenblenden stammt aus dem 12. Jahrhundert. Der Verlauf der Stadtmauer lässt sich auch in der Dalbergstraße nachvollziehen, in der sich der »Bierturm« erhalten hat. Der heute bewohnte Turm wurde um 1500 errichtet. Mit dem Peterstor steht ein weiteres, von Pflanzen umranktes Relikt der alten Stadtmauer ganz in der Nähe, mitten auf der Kreuzung von Rabanusstraße und Petersgasse.

Florengasse

In der nahe gelegenen Florengasse steht das älteste Bürgerhaus von Fulda (Nr. 6), erkennbar an dem markanten roten Spitzbogenportal. Im Inneren des Gebäudes hat sich mittelalterliches Fachwerk erhalten, das Portal und die Gewände der Fenster, datiert 1578, stammen von späteren Umbauten.

In diesem Stadtviertel siedelten früher die Metzger, woran auch der Name der nahe gelegenen Schlachthausgasse erinnert. In der Schlachthausgasse 11 befindet sich die »Kunstschmiede Bernhardt«, die 1906 als »Hufbeschlag und Wagenbau« gegründet wurde. In ihrem Garten werden selbst hergestellte Gartenmöbel, handgeschmiedete Pavillons und Skulpturen ausgestellt. Im benachbarten »Kutscherhaus« (Gutenbergstraße 6), wo einst die Kutscher warteten, bis ihre Pferde in der Schmiede fertig beschlagen wurden, lädt heute eine Galerie zum Besuch ein.

21 | Buttermarkt

Nach rund einhundert Metern mündet die Florengasse in den Buttermarkt, den früheren Sonnabendsmarkt, auf dem bis zum Zweiten Weltkrieg frische Butter, aber auch Eier und Geflügel feil geboten wurden.

An der östlichen Marktseite, rechter Hand, befand sich seit 1733 das Institut der »Englischen Fräulein«. Diese Ordensgemeinschaft wurde im 17. Jahrhundert von Mary Ward (1585–1645) nach dem Vorbild des Jesuitenordens, der nur Männern vorbehalten war, ins Leben gerufen. Nachdem der Orden 1703 kirchenrechtlich anerkannt wurde, breitete er sich in ganz Europa aus, die fuldische Niederlassung entstand 1732. Die »Englischen Fräulein« kümmerten sich besonders um die Erziehung von Mädchen »im heiligen Glauben«, in guten Sitten sowie im Lesen und Schreiben und brachten ihnen hauswirtschaftliche Grundlagen bei. 1876 wurde das Institut in Fulda im Zuge des Kulturkampfes geschlossen. Während Reichskanzler Otto von Bismarck eine liberale Politik und besonders die Trennung von Staat und Kirche anstrebte, setzten sich religiöse Kräfte für die Vormachtstellung der Kirche gegenüber Staat und Wissenschaft ein.

»Zum Schwarzen Bären«

Das Gebäude »Zum Schwarzen Bären« (Buttermarkt 6) stammt, wie die kleine Hausfigur bezeugt, aus dem Jahr 1544, allerdings wurde die Fassade zum Buttermarkt mit dem hoch aufragendem Fachwerkgiebel im 18. Jahrhundert überformt. In der einstigen Zunftherberge war bis Ende des 19. Jahrhunderts ein Gasthaus beheimatet. Nebenan ist in einem barocken Gebäude die Sparkasse untergebracht. Ihre Vorgängerin, die »Städtische Vorschußkasse Fulda«, wurde 1789 vom Fürstabt Adalbert von Harstall begründet.

Wenige Meter hinter der Sparkasse geht linker Hand von der Karlstraße die »Foasetgas« ab, die nach der Fuldaer Fastnacht, einer der bedeutendsten hessischen Karnevalsveranstaltungen, benannt ist. Gegenüber befindet sich an der Ecke Am Stockhaus und Karlstraße die altehrwürdige Engelapotheke aus dem 16. Jahrhundert, die 1735 umgebaut wurde.

In der Straße Am Stockhaus, der früheren Judengasse, erinnert heute nur noch eine Gedenktafel an den Standort der Synagoge, die in der Reichspogromnacht 1938 zerstört wurde. Die vor der nationalsozialistischen Herrschaft blühende jüdische Gemeinde von Fulda wurde erst 1987 wieder begründet.

Zurück am Buttermarkt setzt sich der Stadtrundgang in der Marktstraße fort. Der Brunnen mit den drei Wasser holenden Frauen wurde 1975 errichtet, doch bereits seit dem Mittelalter befand sich hier der Brunnenstandort »Milchborn«. Das Erscheinungsbild der Straße wird von mehreren barocken Wohngebäuden aus dem 18. Jahrhundert geprägt. Aus der gleichen Epoche stammen die sehenswerten Hausmadonnen an den Gebäuden Marktstraße 4 bzw. 10.

»Milchborn« in der Marktstraße

22 | St. Blasius

8–18 Uhr

Die Stadtpfarrkirche war früher die einzige Kirche von Fulda. Hier, in der Nähe des Klosters, standen mehrere Vorgängerbauten. Vermutlich aus dem 10. oder 11. Jahrhundert datiert ein erstes Gotteshaus jener Siedlung, die 1019 von Kaiser Heinrich II. mit Markt-, Münz- und Zollrecht ausgestattet und rund einhundert Jahre später, 1114, erstmals urkundlich als Stadt benannt wurde. Von dem gotischen Kirchenbau aus dem 15. Jahrhundert wurde nur der linke Turm in den bis heute erhaltenen Neubau des 18. Jahrhunderts einbezogen.

Im April 1525 wurde Fulda von den Wirren des Bauernkrieges erfasst. Nachdem bereits Jahre zuvor der Fürstabt aus der Stadt vertrieben worden war, floh auch sein Koadjutor vor den aufgebrachten Bauern und Bürgern, die Kirchen und Klöster plünderten. Um ein Übergreifen auf sein Territorium zu verhindern, schlug der hessische Landgraf Philipp I. den Aufstand nieder.

Die neue lutherische Glaubenslehre trieb in Fulda der Theologe Adam Krafft mit evangelischen Gottesdiensten in der Stadtpfarrkirche voran, während die Fürstäbte wenig dagegen unternahmen. Bis in die 1570er Jahre, als Balthasar von Dernbach die Gegenreformation in Fulda einleitete, war ein Großteil der Bevölkerung sowie Ritterschaft und Stadtrat der Reformation wohlgesonnen.

Der barocke dreischiffige Kirchenbau und dessen Innenausstattung entstanden zwischen 1771 und 1785. An den Auftraggeber, Fürstbischof Heinrich von Bibra, erinnert das Wappen über dem Eingang. Weitere Bauzierde an der geschwungenen, rot gefassten Doppelturmfassade sind neben der vorgelagerten Freitreppe mit Balustrade das fuldische Stadtwappen sowie eine Statue des Heiligen Blasius. Der Kirchenpatron war im 4. Jahrhundert Bischof von Sebaste in der heutigen Türkei, wo er während der römischen Christenverfolgung als Märtyrer starb.

Im Inneren der Kirche taucht rechts vom barocken Hochaltar eine weitere Blasius-Statue auf, erkennbar an zwei gekreuzten Kerzen. Links thront der Stiftspatron Bonifatius mit dem von einem Dolch durchbohrten

Adam Krafft
1493–1558, Theologe.
In Fulda als Sohn eines Bürgermeisters geboren, besuchte Krafft die fuldische Klosterschule. Ab 1512 studierte er in Erfurt, wo er sich dem Humanistenkreis als »Adamus Crato Fuldensis« anschloss. 1519 lernte er bei der Leipziger Disputation Luther und Melanchthon kennen.
Er setzte sich, u. a. als Prediger in Fulda und Hersfeld, wortgewaltig für die Reformation ein und mahnte während des Bauernkrieges zur Besonnenheit. 1525 wurde Krafft hessischer Hofprediger und Theologieprofessor an der neu gegründeten evangelischen Marburger Universität. 1529 nahm Krafft, der neben Martin Bucer als Reformator Hessens gilt, am Marburger Religionsgespräch teil.

Christuskopf

des Heiligen Geistes. • Im Namen des Vaters

Buch. Der aus rotbraunem Marmor geschaffene Altar, jenem des Domes ähnelnd, enthält ein spätgotisches Kruzifix und das Wappen des Heinrich von Bibra. Den Kirchenraum schmücken Deckenfresken, Medaillons mit Apostel-Darstellungen sowie Stuckdekorationen. Sehenswerte Ausstattungsstücke sind ein spätgotischer Taufstein von 1483 sowie ein steinerner vollplastischer Christuskopf. Letzterer wurde erst während der Sanierung des Daches im Jahr 2000 entdeckt, er gehörte einst zu einer in Stein gehauenen Ölberg-Szene aus der gotischen Vorgängerkirche. Der Orgelprospekt stammt von 1837.

Im Südturm von St. Blasius befand sich die Türmerwohnung, die noch bis Mitte des 20. Jahrhunderts bewohnt war. Die Kirchenglocken, darunter die »Verirrten-Glocke«, ertönen täglich um 21 Uhr und in den Sommermonaten um 22 Uhr aus dem Nordturm.

23 | Unterm Heilig Kreuz

»Café Thiele« Di–Sa 9–18 Uhr, So 10–18 Uhr

Das Areal rund um die Stadtpfarrkirche trägt bis heute die ursprüngliche Bezeichnung »Unterm Heilig Kreuz«, da sich an dieser Stelle vermutlich ein Kreuz befand, das den Platz unter seinen Schutz stellte.

Familie Mollenhauer
1822 begründete Johann Andreas Mollenhauer in seiner Heimatstadt Fulda ein Unternehmen für Instrumentenbau. Wenige Jahre später zum Hofinstrumentenmacher des hessischen Kurfürsten ernannt, entstanden in seiner Werkstatt bis 1871 über 5000 Instrumente, darunter Flöten, Klarinetten, Fagotte und Oboen. Seine Nachfolger führten das Unternehmen erfolgreich fort, sodass »Mollenhauer« zum Markennamen von weltweiter Bekanntheit wurde. Bis heute baut die Conrad Mollenhauer GmbH in Fulda Instrumente und betreibt die »Erlebniswelt Blockflöte«.

Vor dem Gotteshaus steht ein Obelisk aus dem 17. Jahrhundert, der während der Bauarbeiten von St. Blasius von der Friedrichstraße hierher versetzt wurde. Bei schönem Wetter lädt der Freisitz des traditionsreichen »Café Thiele« (Mittelstraße 2) zum Verweilen ein.

Gegenüber der Kirchenfassade zieht ein bemerkenswertes Fachwerkgebäude (Unterm Heilig Kreuz 7) aus der Mitte des 16. Jahrhunderts die Blicke auf sich. Über dem steinernen Untergeschoss erheben sich drei Fachwerketagen mit einem behelmten Erker. Als »Salzhaus« diente es zum Trocknen und Lagern von Salz. Im ausgehenden 19. Jahrhundert erwarb es die **Familie Mollenhauer**, deren Verkaufsräume und Werkstatt für Musikinstrumente fortan über einhundert Jahre hier beheimatet waren und dem Haus den noch heute geläufigen Namen »Mollenhauerhaus« verliehen. Als Schutzpatronin der Musik prangt an der Fassade die Heilige Cäcilia mit einer Handorgel. Die benachbarte Löwenapotheke (Nr. 9) wurde im 16. Jahrhundert errichtet und im 18. Jahrhundert mit einer verputzten Fassade versehen.

An der Einmündung der Mittelstraße liegt das barocke Kanzler-Palais. Mitte des 18. Jahrhunderts errichtet, diente es zwischen 1782 und 1900 als Rathaus der Stadt, heute beherbergt es die städtische Volkshochschule.

Kanzler-Palais

24 | Altes Rathaus

Bis 1782 befand sich das Alte Rathaus im Gebäude Unterm Heilig Kreuz 10, gegenüber dem Langhaus von St. Blasius. Der rot verputzte Gebäudeteil mit den beiden Spitzbogenfenstern ist gotischen Ursprungs. 1531 kam der östliche Gebäudetrakt in Fachwerkbauweise hinzu. Das Erdgeschoss mit seinen spitzbogigen, heute verglasten Arkaden war ursprünglich eine offene Halle. Während man unten Handel trieb, dienten die oberen Geschosse als Ratsstube, Tanzboden und Rüstkammer. Ende der 1960er Jahre wurde das Alte Rathaus umfassend restauriert, wobei die Fassadengestaltung von 1531 rekonstruiert und das Innere des Gebäudes weitgehend entfernt wurde. Das Nachbargebäude (Nr. 8) stammt ebenfalls aus dem 16. Jahrhundert.

25 | Borgiasplatz

Gegenüber dem Alten Rathaus plätschert auf dem Borgiasplatz der Sturmiusbrunnen, dessen Skulpturen an die Ursprünge der Stadt erinnern. Benedikt von Nursia (um 480–547), dessen Schrift »Regula Benedicti« das benediktinische Mönchtum begründete, erscheint als Ideengeber bzw. REGULA. Auf den Heiligen Bonifatius – MISSIO – geht der Auftrag der fuldischen Klostergründung zurück. Beide Skulpturen zierten den Platz bereits seit den 1960er Jahren. 2009 wurden sie aus konservatorischen Gründen durch Steinabgüsse ersetzt. Gleichzeitig vervollständigte die neue bronzene FUNDATIO-Skulptur des Sturmius die Brunnenanlage. Da auf ihn die unmittelbare Gründung des Klosters zurückgeht, tritt seine Stele hervor. Mit der Aufstellung der Statue, Nachbildung einer alten Holzplastik, wurde ein Plan von 1879 verwirklicht, den Stadtrat und Bürgerausschuss bereits zum 1100. Todestag von Sturmius gefasst hatten.

Rund um den Brunnen erheben sich seit den 1960er Jahren moderne Gebäude des weltweit bekannten Architekten der Nachkriegsmoderne Sep Ruf (1908–1982): linker Hand der »Patronatsbau« und rechts das Karstadt-Kaufhaus. Seit dem 13. Jahrhundert befand sich an dieser Stelle das Franziskanerkloster, das seit den Wirren der Reformationszeit verwaist war. Als unter dem Fürstabt Balthasar von Dernbach 1571 Jesuiten nach Fulda berufen wurden, nutzten diese anfangs die franziskanische Anlage.

Sturmiusbrunnen auf dem Borgiasplatz

26 | Vonderau Museum

Museum Di–So 10–17 Uhr, **Planetarium** Reservierung empfohlen Tel. 0661 1 02 32 12

Der Steinweg, der als vermutlich erste Straße der Stadt gepflastert war, führt zum nahe gelegenen Jesuitenkolleg. Durch die finanzielle Unterstützung von Papst Gregor XIII., dem Begründer des Gregorianischen Kalenders, wurde 1584 in Fulda ein jesuitisches Seminar eröffnet. Noch im gleichen Jahr begann man mit der Errichtung eines Schulgebäudes mit angeschlossener Herberge. Die geschlossene vierflügelige Anlage gruppiert sich um einen rechteckigen Hof. 1731/32 verlieh der Baumeister Andreas Gallasini dem gesamten Jesuitenkolleg ein einheitliches Erscheinungsbild. Die nordwestliche Ecke, deren Werksteinausführung sich vom übrigen Gebäude abhebt, wird von einer Madonnenfigur betont. Hinter diesem Fassadenteil schuf Gallasini eine Kapelle und ein Refektorium, erkennbar an den großen Rundbogenfenstern, das heute für Veranstaltungen genutzt wird. Der älteste Teil des Bauwerks befindet sich an der Einmündung des Kasernengäßchens in der Nähe des Buttermarktes.

Bereits kurz nach Gründung des Klosters soll in Fulda, fernab traditioneller Weingebiete, zu kirchlichen Zwecken **Wein** angebaut worden sein. Quellen aus dem 12. Jahrhundert belegen mehrere Weinberge rund um Fulda. Besonders der windgeschützte Südhang des Frauenberges eignete sich durch seine Steilheit und den wärmespeichernden Basalt-Untergrund. Seit 1991 belebt der Weinhistorische Konvent Fulda e.V. die Tradition der Weinkultur am Frauenberg. Und auch die bei der Weinlese typische Mahlzeit »Wäck, Woarscht on Wie« (Brot, Wurst und Wein) ist in Fulda beliebt.

Lioba Munz
1913–1997, Ordensschwester und Künstlerin. In Bingen am Rhein in einer protestantischen Familie geboren, bat die 21-jährige Munz 1934 um Aufnahme in die fuldische Benediktiner-Abtei St. Maria. Ihr künstlerisches Schaffen begann mit dem Bemalen von Gebrauchskeramik, durch den Besuch der Kölner Werkkunstschule erlernte sie die Techniken der Goldschmiedekunst. In den 1950er Jahren entstand in der Abtei ein Atelier, in dem Munz und ihre Mitschwestern weltweite Aufträge bearbeiteten. Munz, die auch gern zeichnete, unternahm Reisen in die ganze Welt, von denen sie zahlreiche Kunstobjekte mitbrachte und Fotoserien anfertigte.

Seit 1994 beherbergt das bis 1773 bestehende Jesuitenkolleg das Vonderau Museum. Das Museum für Kulturgeschichte und Naturkunde widmet sich der Entwicklung des Klosters und der Stadt Fulda von der Frühgeschichte bis in die Moderne; außerdem ist eine Skulpturen- und Gemäldesammlung zu besichtigen. 1938 wurde das Museum nach seinem langjährigen Leiter Joseph Vonderau (1863–1951) benannt.

Darüber hinaus lädt eines der modernsten Planetarien Deutschlands, ausgestattet mit einer sechs Meter hohen Projektionskuppel, in das Vonderau Museum ein. Im Spätsommer findet im Museumshof das Fuldaer Weinfest statt.

27 | Alte Universität

Gegenüber dem Ostflügel des Jesuitenkollegs erhebt sich ein weiteres Gebäude des Hofbaumeisters Andreas Gallasini: die im Auftrag des Fürstabtes Adolph von Dalberg errichtete Universität Fulda. Die »Alma Mater Adolphiana« wurde 1734 gegründet und vereinte die damals üblichen vier Fakultäten der Theologie, Philosophie, Rechtswissenschaften und Medizin. Allerdings war ihr

keine lange Dauer beschieden, da sie im Zuge der Säkularisation schon 1805 aufgehoben wurde. In den folgenden Jahren beherbergte das Gebäude der Alten Universität ein Gymnasium, seit den 1960er Jahren bis heute die Adolph-von-Dalberg-Grundschule.

Im Innenhof der hufeisenförmigen Anlage erinnert eine Bronzeskulptur an die im Ersten Weltkrieg gefallenen Schüler. Den Giebel des Mittelbaus ziert das prächtige Wappen des Gründers und Namengebers der Universität. In diesem Gebäudeteil befand sich früher, bekrönt von einem Dachreiter, die zwei Geschosse umfassende Universitätskirche. Verziert mit Stuck sowie Wand- und Deckengemälden von Emanuel Wohlhaubter, dient sie nun der Grundschule als Aula.

»Papiermännl«
Die Skulptur zeigt den Fuldaer Gottfried Adolf Behrend (1840–1910), mit einem Sack über den Schultern und einem Papierpiekser in der Hand. Der gelernte Kupferschmied sammelte für die Stadtverwaltung Müll auf öffentlichem Gelände ein, um seine Rente, die »zum Sterben zu hoch und zum Leben zu niedrig« war, aufzubessern. Unter dem Namen »Papiermännl« wurde Behrend in Fulda stadtbekannt.

28 | Heertor

Schlosstheater Besucherservice Tel. 0661 1 02 14 83

Quer über den Universitätsplatz laufend, erreicht man die Rabanusstraße, in die man linker Hand einbiegt. Am Jerusalemplatz erinnert ein Gedenkstein daran, dass sich hier bis zur Zerstörung durch die Nationalsozialisten der jüdische Friedhof befand. Im Schatten des Gebäudes in der Rabanusstraße 14 steht die Skulptur des »Papiermännl«. Beim Erreichen des Busbahnhofes am Heertorplatz erblickt man linker Hand einen Teil der romanischen Stadtmauer, die teilweise im Fischgrätenverband ausgeführt wurde.

Inmitten des Busbahnhofes haben Reste des Heertores die Jahrhunderte überdauert. Wie die Stadtmauer wurde es als deren Torhaus Mitte des 12. Jahrhunderts errichtet. Das Tor, dessen Umbauten verschiedener Jahrhunderte man 1959/60 entfernte, gilt heute als eines der ältesten erhaltenen romanischen Stadttore in Deutschland. An dieser Stelle verließ man einst, vorbei an der mittelalterlichen Abtsburg, die Stadt und gelangte auf die zwischen Frankfurt und Leipzig verlaufende Hohe Straße.

Am Heertorplatz liegen die Nebengebäude des Schlosses. Das Schlosstheater, erkennbar an einem gläsernen Vorbau mit einer bekrönenden Figurengruppe, entstand durch Umbau der fürstlichen Winterreitbahn samt Ställen und Wagenremisen. Seit der umjubelten Uraufführung des Musicals »Bonifatius« im Jahr 2004 stehen regelmäßig weitere historische Stücke wie »Die Päpstin« oder »Kolpings Traum« auf dem Programm.

Heertor

29 | Abtei zur Heiligen Maria

Kirche 7–20 Uhr; **Klostergarten** Mai–Sep.: Sa 14–16 Uhr
Klosterladen Mo–Fr 10–17 Uhr, Sa 10–16 Uhr

An den Hauptgebäuden des Schlosses vorbeigehend, gelangt man zur Einmündung der Nonnengasse. Deren Auftakt bildet, architektonisch passend zu den Gebäuden rund um den Bonifatiusplatz, das barocke Palais Altenstein. Im 18. Jahrhundert erbaut, wird es heute von der Stadtverwaltung Fulda genutzt.

Hinter der langgestreckten Klostermauer liegt versteckt die Benediktinerinnen-Abtei. Wie sein Vorgänger Balthasar von Dernbach, der 1571 Jesuiten nach Fulda berufen hatte, begründete Fürstabt Johannes Bernhard Schenk zu Schweinsberg (1584–1632) neues Ordensleben: den 1626 eröffneten Benediktinerinnen-Konvent. Im gleichen Jahr wurde mit dem Bau der Klosteranlage begonnen, die 1631 bezugsfertig war. Die Klosterkirche wurde erst 1678, verzögert durch die Wirren des Dreißigjährigen Krieges, geweiht. Nur mit der Auflage, eine Mädchenschule zu übernehmen, überstand das Nonnenkloster schließlich die Phase der Säkularisation 1802, in der in Fulda zahlreiche geistliche Institutionen aufgehoben wurden. Bis heute leben und arbeiten hier, im Herzen von Fulda, 20 Frauen zwischen 35 und über 90 Jahren. Empfehlenswert ist der Besuch des idyllischen Klostergartens, in dem man neben unzähligen Nutz- und Zierpflanzen auch einen historischen Kräutergarten besichtigen kann, der dem »Hortulus« von Walahfried von der Reichenau nachempfunden ist. Durch ein reich geschmücktes Portal erreicht man den einschiffigen Innenraum, an dessen Ostfront der hochgelegene Altarraum liegt. In der Abteikirche finden sich Werke der Ordensschwester Lioba Munz, darunter der Dreiflügelaltar, das Grab der Äbtissin Maura Lilia (gest. 1977) und Glasfenster.

Walahfried von der Reichenau
Um 808–849, genannt Strabo, Dichter. Der am Bodensee geborene Walahfried kam 825 zum Studium in das Kloster Fulda, wo ihn Hrabanus Maurus unterrichtete. Anschließend lebte er am kaiserlichen Hof von Ludwig dem Frommen und erzog dessen Sohn Karl den Kahlen. Als Dank ernannte Ludwig ihn zum Abt des Klosters Reichenau. Walahfried zählt zu den wichtigsten Dichtern der Karolingischen Renaissance. Seine »Visio Wettini« gilt als erste dichterische Jenseitsvorstellung. Das »Liber de cultura hortorum« (Buch über die Gartenpflege), in dem er in Versform 24 Heilpflanzen erläuterte, zählt zu den bedeutendsten botanischen Schriften des Mittelalters.

Fulda an einem Tag. Ein Stadtrundgang
Herausgegeben von Mark Lehmstedt

Text: Michael Schulze
Lektorat: Kristina Schulze / Lehmstedt Verlag
Karte: OpenStreetMap-Mitwirkende, geodressing.de
Fotos: Günter Müller, außer: Michael Schulze (U1, S. 1, 2, 14–16, 21–23, 26, 27, 30 o., 31 u., 33, 34, 37, 40, 45), Verlagsarchiv
Gestaltung: Mareike Bardenhagen / Lehmstedt Verlag
Druck: druckhaus köthen GmbH & Co. KG, Köthen (Anhalt)

Umschlag:
1: Dom
2: Marktstraße und St. Blasius
3: Stadtansicht von Matthäus Merian, 1655
4: Blick vom Frauenberg, um 1900
5: Schlossturm
6: Relief an der Engelapotheke

2. aktualisierte Auflage, 2020
ISBN 978-3-942473-84-2